© 2022 KENAKA OBOUNGA Kebanie

Epouse OTABO

Édition : BoD – Books on Demand, info@bod.fr

Impression : BoD – Books on Demand, In de Tarpen 42,

Norderstedt (Allemagne)

Impression à la demande

Illustrations : Freepik.com/Pixabay

ISBN : 978-2-3224-5613-0

Dépôt légal : Décembre 2022

LETTRE D'UNE SŒUR

Vol. 1

Familles

Amis(es)

Connaissances

Merci d'être là…

LA JEUNESSE SERA TOUJOURS MA PRIORITÉ !

Sommaire

Introduction...13

- Le jour où tout a basculé 15
- Un temps de silence, une évidence absolue........16
- Demander pardon, plus qu'un simple besoin, est devenu une nécessité...18

Première partie 21

- Au carrefour de la destinée 24
- Qu'est-ce que la jeunesse ?....................................27
  - Tentative de définition 27
- La jeunesse, une étape cruciale dans la vie de chaque Homme sur terre..30

Deuxième partie..35

- La nécessité de changer de mentalité...................37
- Le changement commence par une prise de conscience individuelle réfléchie..........................41
  - L'introspection..42
  - Prenez du recul pour mieux avancer 43
  - Cernez vos capacités 44
  - Cernez vos manques 45
  - Revoyez vos valeurs fondamentales 47
  - Retrouvez vos fils conducteurs 52

TEMOIGNAGE 57

Troisième partie 63

- La jeunesse, vous avez besoin d'aide, mais celle de Dieu en priorité ! 65
- Sur les traces du Maître 75
- Le Panneau d'Orientation 78
- Conclusion 81
- Questionnaire 85
- Résumé 87
- Conseils 88

Remerciements 93
Je mettrai tout par écrit 98
À propos de l'auteure 101

Introduction

- *Le jour où tout a basculé*
- *Un temps de silence, une évidence absolue*
- *Demander pardon, plus qu'un simple besoin, est devenu une nécessité*

Le jour où tout a basculé

Un jour, quelqu'un que je connais, que je respecte particulièrement et qui est un modèle pour beaucoup de gens, m'a dit : « Tu sais Kenie, depuis que j'ai pris l'habitude de discuter avec toi, je suis devenu très observateur, mais surtout très admirateur de ta personne et je me suis rendu compte qu'en réalité tu es un bel exemple à suivre. En effet, si tu l'as remarqué, j'ai de plus en plus de mal à me passer de tes précieux conseils… »

Je redis simplement tout ce qu'il m'a confié ce jour-là et ses mots si simples, pourtant si profonds, m'ont laissée sans voix. Comme vous le savez, nous avons souvent un admirateur secret et cette personne fait partie des gens que j'admire beaucoup. Pour moi, l'entendre me parler ainsi était en quelque sorte une confirmation de ma personnalité. Ne dit-on pas que DIEU parle de différentes façons ?

Depuis ce jour, seconde après seconde, minute après minute, heure après heure… ces mots ont résonné en moi et ont fini par déclencher un désir ardent d'aller à la quête de mon vrai moi.

Un temps de silence, une évidence absolue !

Cela était évident, vital et surtout impérieux d'aller questionner mon moi intérieur. Je me suis donc dit, plus j'en découvre sur moi-même, plus je serai capable de vivre de manière consciente et d'avancer sereinement.

Oscar Wilde a dit : **« Soyez vous-même, tous les autres sont déjà pris »**.

Alors, il faut que je sois moi, sans complexes et donc authentique. Pour connaître son être intérieur, il est dit qu'il faut connaître son but sur terre, ses valeurs et ses motivations. D'après mon expérience personnelle, je dirais plutôt qu'il faut chercher à connaître ses fils conducteurs et bien évidemment, dans ce que j'appelle fils conducteurs, on retrouve les trois points cités précédemment, à savoir :

1- *Son but sur terre (la raison de son existence sur terre)*
2- *Ses valeurs*
3- *Ses motivations*

Pour une jeune personne, ses parents, ses frères, ses sœurs, une copine, un copain peuvent aussi être des fils conducteurs. Pour une mère on y ajoute ses enfants, son mari. Pour un père, ses enfants, sa femme, etc.

Si en physique-chimie, les fils conducteurs ou fils électriques sont encore appelés câbles de connexion, nous pouvons tout simplement représenter ces câbles de connexion par les raisons qui nous donnent de l'énergie pour pouvoir avancer.

Écouter ce que les autres disent ou pensent de nous, est une chose, mais faire une bonne étude de soi, qui permet de découvrir avec exactitude ce que nous sommes réellement, en est une autre.

Il est évident que connaître son « moi intérieur » nécessite un certain niveau d'introspection et de conscience. Ceci est donc un voyage pour toute une vie, car l'homme doit continuellement se remettre en question. Raison pour laquelle il a fallu que je sorte de mon silence.

Demander pardon, plus qu'un simple besoin, est devenu une nécessité !

Pardon à ma famille et pardon à ma belle-famille. Enfin, pardon à ma grande famille, don du ciel, je cite : des papas, des mamans, des frères, des sœurs et amis(es) que j'ai eu, non la chance, mais la grâce de connaître.

Pardon de m'être absentée, d'être partie au moment où certains d'entre vous avaient le plus besoin de moi, de mon attention, de mon aide et de mes conseils.

Je suis partie, certes, mais cela en valait la peine, car consciente de mes limites, l'évidence a fait que je suis allée me découvrir et me ressourcer auprès de Celui que nous connaissons tous comme étant la Source Intarissable : « DIEU LE CREATEUR ».

Être partie loin de vous a été une grande et dure épreuve. J'ai écouté et lu vos messages. Certains m'ont fait rire et d'autres m'ont fait pleurer. J'ai vu certaines personnes m'appeler inlassablement jour et nuit et j'ai aussi vu d'autres abandonner au bout de quelques jours. Hélas !

Il était temps ! Il était vraiment temps de prendre de nouvelles résolutions. Vous savez, celui qui veut acquérir des compétences doit apprendre à se taire, à écouter, à observer et analyser.

Le silence est au cœur du bonheur que l'on recherche. C'est dans le silence qu'émerge la véritable réflexion. En effet, c'est dans le silence que l'on se recentre sur soi et que l'on se ressource. Le silence nous connecte à notre monde intérieur. On ne peut rien apprendre dans le bruit !

Le bruit est un parasite. Ce vacarme de l'extérieur nous empêche d'entendre même l'écho de notre voix intérieure.

Première partie

- *Au carrefour de la destinée*
- *Qu'est-ce que la jeunesse ?*

  - Tentative de définition

- *La jeunesse, une étape cruciale dans la vie de chaque Homme sur terre*

Comme je l'ai dit précédemment, connaître son « moi intérieur » nécessite un certain niveau d'introspection et de conscience. Le propre de la conscience c'est de pouvoir prendre du recul, une conscience réfléchie qui permet de dire « Je me » et qui permet l'introspection et d'opposer ainsi le « Je-observateur » du « Je-observé ». Allez découvrir qui vous êtes, pourquoi vous êtes sur terre et à quel stade de vie vous en êtes. Reprenez les commandes de votre vie. Réveillez le géant ou la géante que vous êtes !

Otto Von Bismarck a dit : **« Il faut connaître d'où l'on vient pour savoir où l'on va. Celui qui ne sait pas d'où il vient ne peut pas savoir où il va, car il ne sait pas où il est ».**

Prenez conscience et allez à la quête de votre « moi intérieur ». Dénouez tout ce qui vous empêche d'avancer et découvrez les mystères qui se cachent derrière votre destinée.

Au carrefour de la destinée

Arrivé sur ce rond-point

- *Quelle sortie dois-je prendre ?*
- *L'ai-je anticipé en regardant le panneau d'orientation placé bien avant ?*
- *Et si jamais je me trompe, est-il possible de revenir dans le rond-point ?*

Si oui, comment faire pour revenir dans le rond-point et cette fois-ci prendre la bonne sortie ?

Des questions très essentielles à se poser pour avancer sur la bonne voie. Avant de continuer sur notre sujet, j'aimerais préciser une vérité que je trouve très pertinente et surtout indispensable. Beaucoup oublient ou font tout simplement semblant d'ignorer, cette évidence même : nul n'est éternel sur terre, comme le précise le livre d'Ecclésiaste : **« Vanité des vanités tout est vanité ».** Tout passera, car en réalité nous ne sommes qu'en pèlerinage dans ce bas monde. Alors, ne vous sentez pas en compétition contre quelqu'un, n'essayez pas de lutter avec je ne sais qui et pour je ne sais quoi…

« Telle une goutte d'eau qui tombe à terre et ne peut être ramassée, tel un homme qui meurt et qui marque, hélas, la fin de son passage sur terre ». Kebanie KENAKA OTABO.

Alors, prenez plaisir à savourer tous les moments que vous offre votre Père céleste, avancez même lentement, mais soyez sûr d'avoir choisi le bon chemin. Respectez la limitation de vitesse indiquée, vous arriverez, même avec quelques minutes de retard, mais ce qui est sûr vous arriverez. Notez ceci ; à l'approche du carrefour de sa destinée, on ne roule jamais à 100 km à l'heure. Anticipez et commencez à ralentir, car en face de vous, se trouvent des chemins sans issue, des sens interdits et AUTRES DIRECTIONS…

RALENTISSEZ ! Eh oui ! **RALENTISSEZ** pour trouver la bonne sortie, vous n'avez pas tous la même destination que la personne à côté de vous.

Qu'est-ce que la jeunesse ?
Tentative de définition

La jeunesse est une classe d'âge réunissant l'enfance et l'adolescence (du début de la puberté à la majorité), auxquelles s'ajoute, dans les pays développés, une période entre la majorité et l'âge de 25 ans, voire 30 ans, durant laquelle les individus sont habituellement qualifiés de « jeunes adultes » (source Wikipédia).

Selon les informations du centre d'observation de la société, la jeunesse constitue une phase de vie intermédiaire entre l'enfance et l'âge adulte, marquée par un accès progressif à l'autonomie… (Source Google).

Dans tout ce qui est dit ici concernant la jeunesse, deux éléments retiennent mon attention, à savoir : la phase de vie intermédiaire entre l'enfance et l'âge adulte, et le passage à l'autonomie.

« Un présent riche de passé est gros d'avenir ». Henri Bergson.

Tout d'abord, « la jeunesse est une phase de vie intermédiaire entre l'enfance et l'âge adulte ».

Cela veut donc dire qu'on a quitté le point A, pour arriver au point B et ensuite aller vers le point C. Ceci veut également dire que notre vie sur terre est caractérisée par des mouvements constants. Une fois de plus, souvenez-vous du livre d'Ecclésiaste au chapitre 1 verset 2 : **« Vanité des vanités, dit Ecclésiaste, vanité des vanités, tout est vanité »** ou encore Job au chapitre 7 verset 16 : « Je ne vivrai pas toujours… Laisse-moi, car ma vie n'est qu'un souffle ». Ensuite, l'autre élément qui a attiré mon attention est :

« Cette phase transitoire est caractérisée par un accès progressif à l'autonomie ».

J'ai envie de dire, maintenant, vous êtes grand !

Votre enfance est désormais derrière vous, la jeunesse vous pousse vers l'âge adulte !

La jeunesse, une étape cruciale dans la vie de chaque Homme sur terre

C'est une période où les bases doivent être posées. D'une belle orientation découlera une belle réussite. À cette étape de la vie, vous débordez d'idées et le risque de faire fausse route est trop grand. Alors, prenez patience, comme je vous le disais, vous n'êtes pas en compétition contre quelqu'un.

J'aimerais aborder cette partie du sujet avec simplicité, mais beaucoup de délicatesse et d'attention, en me basant bien évidemment sur mon expérience personnelle. Mon but n'étant pas de former des intellos, mais de transmettre un message, de dire les choses simplement à la place de ce qui nous a toujours été transmis avec beaucoup de difficultés de compréhension.

En disant les choses simplement, nous rendons l'information accessible à tous, enfin, je pense !

La jeunesse est la période la plus active de votre vie. Vous êtes remplis de force, de vigueur et d'espoir. Les choix que vous faites maintenant sont déterminants pour le tournant que prendra votre vie. Faites de bons choix et vous serez récompensés par une existence sereine. Il sera beaucoup plus difficile pour vous de reprendre le chemin une fois âgé. En effet, ce temps où vous éclatez de force et de nombreuses capacités est éphémère.

Éphémère ? Oui éphémère, qui signifie également momentané, court, fugace, provisoire, passager et j'en passe !

VOUS NE SEREZ PAS ETERNELLEMENT JEUNES !

Le choix de ce que vous aimerez devenir demain ou ce que vous aimerez faire demain doit se penser maintenant. Malheureusement, nombreux sont ceux qui aiment dire : « Oh ! J'ai encore tout le temps devant moi » en ignorant ce que nous dit la Bible dans le livre d'Ecclésiaste au chapitre 8, versets 7 et 8 : **« Mais il ne sait point ce qui arrivera, et qui lui dira comment cela arrivera ? L'homme n'est pas maître de son souffle**

pour pouvoir le retenir, et il n'a aucune puissance sur le jour de la mort… ».

En effet, nul n'est maître de son souffle de vie et donc tout peut arriver en un claquement de doigts. Je pense encore à la pandémie de Covid, quel massacre ! Qui peut me dire que ceux qui sont morts avaient prévu de mourir ?

Ceux qui ont été enterrés, entassés dans un seul trou, n'auraient-ils pas plutôt souhaité partir dignement, enterrés dans un beau cercueil et voir pour une dernière fois tous leurs proches les entourer, pleurant main dans la main ??? Tant de mamans, de papas, d'enfants et aussi de grands-parents ont été accompagnés seulement par des personnes étrangères jusqu'à leur dernière demeure. Oh quelle horreur !

Prenez conscience, mais vraiment prenez conscience, vous n'avez aucune idée de ce que vous réserve l'avenir. Nous pouvons également lire dans la Bible l'histoire de Joseph, lui qui deviendra par la suite le premier ministre dans le pays qui l'a accueilli comme esclave. Nous savons qu'il s'est quand même retrouvé du jour au lendemain coupé de tout, sans rien et même éloigné de l'amour de son père, car la parole de DIEU dit qu'il était pourtant l'enfant préféré de son père, quelle douleur !

Joseph avait des économies, des amis ou encore des projets. Pire encore, peut-être, qu'il avait remis à demain ce qu'il aurait dû faire le jour même. Eh oui ! la procrastination, toujours remettre à demain, ce que vous pouvez faire le jour même. Cette fameuse attitude que vous avez développée et qui vous pousse à croire que tout est acquis au point d'oublier qu'en réalité tout n'est que grâce. HÉLAS !

Il y a également l'histoire de Job qui a tout perdu et aussi Saül de Tarse qui va persécuter les enfants de Dieu en croyant qu'à la fin de sa mission, il pourra regagner tranquillement sa ville. Mais il ignorait que Dieu en avait décidé tout autrement… ! Il est parti pour ne plus revenir et a tout laissé derrière lui…

Deuxième partie

- *La nécessité de changer de mentalité*
- *Le changement commence par une prise de conscience individuelle réfléchie*
- *L'introspection*
  - *Prenez du recul pour mieux avancer*
  - *Cernez vos capacités*
  - *Cernez vos manques*
  - *Revoyez vos valeurs fondamentales*
  - *Retrouvez vos fils conducteurs*

La nécessité de changer de mentalité

Oui, mais qu'est-ce que la mentalité ?

La mentalité est une attitude mentale habituelle ou caractéristique qui détermine la façon dont on interprète les situations. Elle peut également être définie comme étant un ensemble de manières d'agir, de penser, de juger, etc.

Notez qu'il n'y a pas de changement envisageable avec une mentalité pessimiste ou rétrograde. Toute réforme et toute révolution ont toujours été précédées par un changement de mentalité.

Chers jeunes, tout autour de vous change, le monde évolue. Vos habitudes ne sont pas non plus laissées en marge de ce changement brutal et chaotique. Il est encore temps, oui ! Le changement est encore possible même s'il peut s'avérer irréversible.

J'ai toujours dit : « **En réalité, ce n'est pas le monde qui va mal, ce sont les hommes. Soignons les hommes, et le monde ira mieux. L'inverse est impossible !** ».

« Soyons des acteurs, changeons les choses, car un monde meilleur est possible ! » Kebanie KENAKA OTABO.

Commencez à donner du sens à vos vies, apprenez à relativiser, même quand tout va mal. Ne soyez pas de ceux qui ne voient que le mauvais côté des choses, ceux-là s'attardent seulement sur les échecs, les blessures. Vous savez que l'échec n'est pas une fatalité en soi : cette expérience permet de vous forger et d'avoir une vision plus claire et nette des détails de la vie auxquels vous n'accordez pas forcément d'importance, et cela est valable dans tous les domaines.

Winston Churchill disait : **« Un pessimiste voit la difficulté dans chaque opportunité, un optimiste voit l'opportunité dans chaque difficulté ».**

Même dans les pires moments de la vie, il est possible de sortir quelque chose de bon ! Il est temps de se valoriser !

Il est grand temps de déconstruire les stéréotypes ! En croyant fermement que tout a été rendu possible au moyen du sacrifice de notre **SEIGNEUR et SAUVEUR JÉSUS CHRIST DE NAZARETH !**

Outre cette façon un peu générale de définir le changement de mentalité, ici, j'aimerais surtout attirer l'attention des jeunes qui disent avoir encore du temps devant eux. Ils souhaitent d'abord profiter de leur jeunesse.

« Attention, il ne faut surtout pas brûler les étapes ! » disent-ils.

Sachez qu'il est bien beau de profiter de votre temps de jeunesse, oui ! Vous avez tout à fait raison, vous en avez le droit d'ailleurs ! Mais seulement, l'expression « profiter de sa vie » à mon sens est en train de dévier de son sens originel. Malheureusement pour les jeunes d'aujourd'hui, profiter de sa vie est devenu synonyme de faire des sottises à longueur de journée, de participer ou même d'organiser des soirées entre copains à ne faire que des choses insensées, à tenir des conversations stériles. Ce sont des rencontres futiles, sans aucune visibilité sur l'avenir, entre jeunes noyés dans l'alcool, le tabac et autres…

On peut profiter de sa jeunesse, on doit d'ailleurs en profiter, mais ne pouvons-nous pas le faire d'une façon digne ? On peut être jeune, donner sa vie à CHRIST et en même temps profiter de sa vie de jeunesse.

Mais je vous vois venir ! Je vous propose d'aborder cette partie de notre sujet dans le prochain chapitre.

Le changement commence par une prise de conscience individuelle réfléchie

Avant d'être une affaire collective, le changement est d'abord un combat personnel. La prise de conscience induit une volonté intérieure de mieux se connaître, de savoir s'écouter, de se respecter et surtout de se valoriser.

Vous souhaitez décoder vos comportements afin d'interpréter ce qui se passe en vous, ce que vous êtes, ce que vous pensez, ce que vous ressentez, ce que vous avez accompli et ce que vous n'avez pas encore accompli…

C'est ainsi que l'on parle **d'introspection.**

L'introspection

L'introspection consiste à examiner ses propres pensées, sentiments et sensations afin d'obtenir un aperçu global et équilibré de ce que l'on est. Il peut servir à la réflexion, ce retour de l'esprit en lui-même. Nul ne peut avancer sans se connaître.

Je ne suis pas non plus en train de sous-estimer le fait que Dieu ait mis en l'Homme des capacités inouïes. On dit que : « L'homme est capable de faire beaucoup de choses, il lui suffit juste de mettre un peu de volonté, de détermination et de persévérance ». Certes, mais une chose est vraie, nous ne pouvons pas tous être avocat ou ministre ou encore médecin. Chacun doit plutôt exercer dans le domaine où il se sent le plus à l'aise et surtout le plus compétent, afin de ne pas perdre de temps à essayer de vouloir ressembler à tout le monde, à copier les autres, etc. Ne soyez pas de ceux qui ont toujours besoin de l'approbation des autres pour vivre leur vie. Voulez-vous vivre la vie des autres ou vivre la vôtre ? Écoutez votre propre GPS. Celui de la voiture qui passe à côté de vous ne suit pas le même chemin et n'a pas la même destination que vous. Alors, vivez la vie de vos rêves et vous verrez que vous serez plus épanouis en suivant votre propre chemin plutôt que celui que les autres vous imposent. À bon entendeur… !

Sortez de ces barrières pénalisantes, vous êtes capables de vous connaître, de vous assumer, de vous imposer et d'impacter votre génération.

- *Prendre du recul pour mieux avancer*

Je vous conseille de consacrer un peu plus de temps pour vous-même et de faire ce voyage intérieur. Le monde avance avec un rythme effréné, marquez une pause, prenez conscience de ce que vous êtes avec bienveillance et vous verrez que vous serez aptes à redémarrer. C'est avec le recul qu'on parvient à mieux cerner les choses, à se concentrer sur l'essentiel et à avancer sereinement sur le chemin de sa destinée.

Éteignez votre téléphone, allez marcher, faites le vide et si possible prenez votre rétroviseur, regardez un peu d'où vous venez, contemplez les changements qui se sont opérés en vous jusqu'à présent. C'est ce qu'on appelle **LA RETROSPECTION**.

C'est quoi la rétrospection ?

Contrairement à l'introspection encore appelée auto-observation expérimentale qui consiste à analyser ou examiner vos émotions et vos pensées au moment présent, en rétrospection l'accent est mis sur le passé. Par conséquent, la rétrospection peut être définie comme le fait de revenir sur les événements passés.

Si vous avez des blocages qui vous empêchent d'avancer, il est temps de remettre les choses en ordre, car, comme tout le monde, vous avez le droit de vivre heureux. Faites un retour en vous pour examiner le présent et si votre problème relève plutôt du passé, allez dénouer le nœud. Toutefois, si vous ne vous en sentez pas capables, sachez que vous pouvez vous faire aider.

- *Cernez vos capacités*

Oui, commencez par vous focaliser sur vos côtés positifs, ne vous fixez pas sur le négatif, car ce n'est pas là que vous irez puiser vos forces. Ces expériences négatives que vous avez traversées, j'aime dire, l'océan de déboires, peuvent avoir une influence négative sur votre confiance en vous qui n'est déjà pas au mieux. Ces échecs, ces déceptions, ces calomnies, cela en valait la peine ! Dans mon cas, j'ai pu en tirer profit, trouver quelque chose de bon dans mon océan de déboires. Voulez-vous savoir ce que j'ai gagné de mes échecs, des calomnies, du regard hautain de mes ennemis ? Voulez-vous vraiment le savoir ? Eh bien ! tout cela m'a permis de forger mon caractère et devenir une guerrière, d'un côté ayant survécu à toutes ces attaques et de l'autre consciente d'avoir un **DIEU TOUT PUISSANT**. La parole de Dieu dit qu'il combat pour nous nuit et jour, que nous ne combattons pas pour une quelconque victoire : nous combattons dans la victoire. AMEN !

- *Cernez vos manques*

Ensuite, il est aussi très important d'examiner ce qui n'a pas réussi : ce que vous n'avez pas bien pu faire, ou su faire, non pas pour vous apitoyer sur votre sort mais pour en tirer des leçons. Vous savez, il y a des leçons que le système éducatif classique ne vous enseignera jamais, seule la grande école de la vie se chargera de vous les inculquer, et avec des tests à l'appui, voilà ! Faites preuve d'endurance, de détermination, car les leçons de la vie sont accompagnées de coups. Coups de tête ? Coups de pied ? Enfin bref ! des coups et pas des moindres.

J'aime insister sur ce point. Mon but n'est pas de susciter en vous une quelconque frayeur, mais de vous préparer à l'évidence.

Considérez vos échecs comme de nouvelles opportunités pour bâtir des stratégies nouvelles, comme une seconde chance de rebondir, des leçons gratuites que la vie vous offre, profitez-en.

Comme pour le Covid, le gouvernement a fini par conclure que nous devrions vivre avec et nous adapter. Eh bien ! j'ai envie de dire, apprenez à vivre avec le côté si dur de la vie ; les échecs, les calomnies, les déceptions seront toujours là aussi longtemps que vous resterez sur cette terre… et adaptez-vous, en comparant évidemment ce qui est juste à ce qui ne l'est pas, ce que Dieu nous recommande pour ne pas tomber dans le conformisme et être sûr d'en sortir tête haute.

Et enfin, **RELATIVISEZ**, oui il le faut, sinon arrêtez de croire que DIEU EST CAPABLE de changer la situation difficile dans laquelle vous êtes maintenant. Mais si réellement vous croyez en Dieu, vous comprendrez vite que toutes ces difficultés ne sont que passagères.

• *Revoyez vos valeurs fondamentales*

Déjà c'est quoi les valeurs humaines ?

On entend par valeur, l'ensemble des idées importantes à nos yeux. Par exemple si la valeur d'entraide est importante à vos yeux, si vous n'aidez pas une personne dans le besoin, vous vous sentirez mal à l'aise. Si la valeur de fidélité est importante à vos yeux, le jour où vous trahirez une amitié, vous vous sentirez vidé de vos forces.

Les valeurs sont stables sur une longue période (5, 10, 15, 20 ans ou voire toute une vie) ; elles font partie du noyau dur de votre identité. Elles sont des principes qui doivent orienter vos choix, vos décisions au quotidien. Vivre aligné sur ses valeurs permet une certaine cohérence et un équilibre tant interne qu'externe.

Il faut également noter que vous avez hérité de certaines valeurs par vos parents ou par votre entourage familial. Vous avez également trouvé d'autres valeurs tout aussi constructives.

Voici une liste non exhaustive de valeurs, repérez celles qui sont importantes à vos yeux et qui vous correspondent vraiment. En somme, votre personnalité !

Acceptation	Chasteté	Croissance
Accomplissement	Cohérence	Curiosité
Achèvement	Combativité	Découverte
Altruisme	Compassion	Défi
Ambition	Compétence	Désir
Anticipation	Compréhension	Détermination
Appréciation	Concentration	Devoir
Assertivité	Confiance en soi	Dévotion
Autonomie	Conformité	Dextérité
Aventure	Confort	Dignité
Assurance	Connexion	Diligence
Audace	Conscience	Discernement
Beauté	Contentement	Discipline
Bienveillance	Continuité	Discrétion
Bonheur	Contribution	Disponibilité
Bravoure	Contrôle	Diversité
Calme	Conviction	Domination
Chaleur	Convivialité	Don
Camaraderie	Coopération	Dynamisme
Charme	Courage	Éducation
Clarté	Courtoisie	Efficacité
Célébrité	Créativité	Égalité
Certitude	Crédibilité	Être Caritatif

Élégance	Grâce	Réflexion
Empathie	Gratitude	Repos
Empressement	Habileté	Résilience
Encouragement	Honnêteté	Respect
Équité	Importance	Retenue
Endurance	Intelligence	Rêve
Énergie	Joie	Richesse
Engagement	Liberté	Rigueur
Enthousiasme	Indépendance	Sympathie
Espérance	Lucidité	Sagesse
Expérience	Maîtrise	Satisfaction
Famille	Ordre social	Sécurité
Fascination	Orientation	Sensibilité
Fermeté	Paix	Sérénité
Fiabilité	Partage	Service
Fidélité	Surprise	Silence
Flexibilité	Performance	Simplicité
Force	Plaisir	Sincérité
Fraîcheur	Politesse	Spiritualité
Franchise	Pouvoir social	Spontanéité
Gaieté	Proximité	Sobriété
Galanterie	Prise de décision	Solidarité
Générosité	Réciprocité	Solitude

Soutien

Succès

Synergie

...

Une fois vos valeurs identifiées, surlignez celles qui sont importantes pour vous. Et posez-vous la question : respectez-vous ces valeurs ?

Si ce n'est pas le cas, identifiez des actions qui vous aideront à aligner votre vie sur les valeurs que vous avez choisies et qui vous correspondent. Nul ne peut se construire sans valeurs, croyez-moi !

- ***Retrouvez vos fils conducteurs***

Pour répondre à cette question, je me suis toujours sentie plus à l'aise avec un public adulte et donc des gens matures. En effet, étant donné que les adultes ont déjà traversé beaucoup de difficultés dans leurs vies, le besoin de retrouver des « fils conducteurs » ou des raisons qui vont leur donner envie de continuer à vivre, continuer à se battre est devenu quelque chose d'essentiel. Les jeunes, quant à eux, accordent encore moins d'importance à l'idée d'avoir des fils conducteurs.

Je pense qu'il est temps de corriger ces mauvaises habitudes, car une jeunesse mieux préparée est une vieillesse mieux vécue. Commencez à poser les fondations sur lesquelles reposera votre avenir. Le changement est un processus qui ne peut pas se déclencher tout seul. Aujourd'hui, il est plus qu'urgent d'activer certaines actions qui vont orienter votre vie. Un long chemin commence pas à pas. Alors, prenez de bonnes décisions dès maintenant !

Pour aborder d'une manière claire et nette cette partie de notre sujet que je trouve très importante, j'aimerais me baser sur mon expérience personnelle.

Tout d'abord, pour vous reconnecter à la notion « fils conducteurs », j'ai dit précédemment que si en physique-chimie, les fils conducteurs ou fils électriques sont encore appelés câbles de connexion, nous pouvons tout simplement représenter ces câbles de connexion par les raisons qui nous donnent de l'énergie pour pouvoir avancer. Ces raisons sont :

- Connaître et comprendre notre but sur terre (la raison de notre existence)
- Nos valeurs
- Nos motivations

La famille, les proches et ami(e)s peuvent aussi servir de fils conducteurs pour vous les jeunes.

Par exemple :

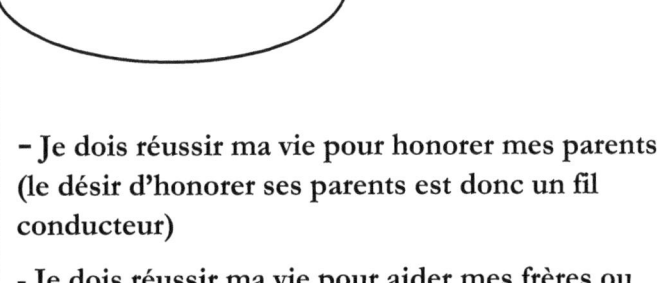

- Je dois réussir ma vie pour honorer mes parents (le désir d'honorer ses parents est donc un fil conducteur)

- Je dois réussir ma vie pour aider mes frères ou mes sœurs (le désir d'aider ses frères et sœurs est un fil conducteur)

- Je dois réussir ma vie pour aider les pauvres (le désir d'aider les pauvres est un fil conducteur)

Selon moi, les fils conducteurs sont des stimulateurs de vies.

Durant ma petite expérience de conseillère en phyto-aromathérapie, j'ai eu à conseiller les gens sur différents programmes, à savoir : programme détox, programme minceur, circulation, concentration, tabac-stop, défenses immunitaires. Or, il m'a été enseigné que pour qu'un programme soit efficace, il faut obligatoirement associer les huiles essentielles encore appelées « stimulants » avec les plantes.

PHYTO (PLANTES) + AROMA (HUILE ESSENTIELLE) = PROGRAMME REUSSI

> **Ici, on peut imaginer, la partie phyto qui est en général un mélange de différentes plantes comme étant l'être humain créé avec différentes capacités, différentes qualités. La partie aroma, constituée d'huiles essentielles est le câble de connexion ou le fil conducteur qui apporte un effet stimulant dans la vie. Et nous donne des raisons de tout faire pour réussir.**

Vous avez besoin d'avoir des points d'appui ou tout simplement des raisons qui vont vous donner envie de réussir votre vie, de vous relever et de rebondir après être tombé.

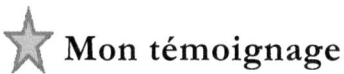 Mon témoignage

Depuis toute petite, Dieu m'a gracieusement révélé mon identité ; c'est-à-dire la personne que je suis vraiment et pourquoi j'ai été envoyée sur terre. Si je vous dis que j'ai entendu une voix venant du ciel me parlant d'une façon audible, je serai non seulement en train de vous mentir, mais également de mentir à Dieu. Je n'entendais pas une voix me parler, certes, mais je commençais à me comporter d'une façon bizarre comme une personne qui vivait dans deux mondes. D'un côté, je reflétais l'image d'une personne dure de caractère et quand je me retrouvais devant les gens, je devenais très observatrice, donc critique. De l'autre côté, plutôt en cachette, j'étais de plus en plus attirée vers les faibles, les accablés, les délaissés.

Je me fabriquais en quelque sorte une barrière de protection pour cacher cet autre comportement que je commençais à avoir et qui était complètement à l'opposé de l'autre facette. Etant très observatrice, même dans les petits détails, j'ai ainsi été témoin de beaucoup de choses : des injustices, de la méchanceté, de la trahison. Je voyais des gens à qui l'on enlevait le goût de vivre, des gens détestés injustement, trahis par leurs proches. Petit à petit, j'ai commencé à m'en éloigner pour la simple raison que je ne voulais pas leur donner l'occasion de me faire du mal. Malgré la lutte contre ce nouveau moi qui se développait, ce que j'ignorais c'est que Dieu était déjà en train de planter cette semence en moi. En voyant cette autre image de moi en construction, je ne comprenais plus rien étant donné mon âge et j'étais déstabilisée. Je commençais de plus en plus à m'intéresser aux personnes âgées, aux personnes démunies, aux orphelins. Quand il y avait une veillée dans le quartier, je partais me mettre dans un coin pour regarder comment les gens pleuraient, plusieurs heures durant. Ma mère, la pauvre, était fatiguée de me chercher dans toute la ville. Quand je rentrais enfin à la maison, elle me disait : « cheffe du quartier es-tu de retour ? ».

Tout ce qui suscitait de la pitié m'attirait, je me posais mille et une questions. Malheureusement, j'étais perdue. Je rentrais chez moi comme si de rien n'était, avec une seule pensée en tête : « n'affiche jamais tes faiblesses ». Donc, cette fameuse barrière de protection, il fallait à tout prix que je me la fabrique.

Kebanie : « Ne montre pas aux gens que tu es gentille. La gentillesse peut être perçue comme une faiblesse. Souviens-toi que tu dois être influente, forte ! ».

Aller visiter des personnes âgées, les orphelins, je le faisais en cachette, car je ne voulais surtout pas être vue.

Je ne laissais pas d'ouverture possible sur certains côtés de ma vie, pour qu'on ne découvre pas ma véritable personnalité. J'ai fermé tout accès, toute issue de secours de mon cœur, mais franchement pendant longtemps, le poids a été lourd. Et j'aimerais ouvrir une parenthèse pour vraiment demander aux jeunes de ne pas tout gérer si vous ne vous en sentez pas capables. Osez parler, vous avez des représentants que Dieu a lui-même mis à vos côtés qui ne sont autres que vos parents. À vous parents, prenez le temps de parler à vos enfants, de les écouter. Osez poser des questions car en général les enfants ont tendance à cacher certaines choses, certaines vérités. Soit ils hésitent à vous les dire de peur d'être jugés, peut-être par crainte de n'être pas pris au sérieux. C'est encore pire aujourd'hui avec la diversification des sources d'informations, le risque est encore plus grand. Je faisais rire mes enfants en leur disant « si vous avez des questions, il faut nous les poser, n'allez pas demander à la mère internationale qui n'est tout simplement que Google ». Aujourd'hui, malheureusement on voit beaucoup de jeunes notamment les jeunes filles, voulant préparer une tarte, un gâteau ou encore chercher des réponses à des questions plus personnelles, plus spécifiques aux filles (même si leurs mamans ou leurs mamies sont parfois juste à côté), préfèreront interroger Google. Alors les mamans, les mamies, reprenez votre place, ne la cédez pas à la « maman internationale ».

Pour revenir à ce que je disais, plus le temps passait et plus cette envie d'aider, de soutenir les autres prenait de la place dans mon cœur. J'ai alors commencé à me poser les vraies questions, du genre : « Kebanie, qui est en train de changer ton cœur ? » Parce que je voyais mon cœur prendre une direction que je ne lui avais pourtant pas donnée. Je voulais rester telle que j'étais, mais cette voix à l'intérieur me disait : « Oui, tu dois rester toi-même avec tes qualités, tes valeurs, mais certainement ne pas être méchante et encore moins t'éloigner des autres. Ne laisse pas ce que tu as vu changer ta personnalité ».

Et à partir de là, j'ai commencé à demander à Dieu de m'aider à avoir des raisons, des valeurs, qui seront mes points d'appui et qui susciteront en moi le désir de réussir ma vie. Ensuite, j'ai noté toutes les actions que j'accomplissais de manière répétitive et, au fur et à mesure, j'ai pu constituer ma liste de fils conducteurs, enrichie par la suite avec mon expérience d'épouse et de mère. Je vous conseille vivement de repérer vos fils conducteurs pour avoir une vision claire et nette de votre vie.

Troisième partie

- *La jeunesse, vous avez besoin d'aide, mais celle de Dieu en priorité !*
- *Sur les traces du Maître*
- *Le Panneau d'orientation*
- *Conclusion*
- *Questionnaire*
- *Résumé*
- *Conseils*
- *Remerciements*
- *Je mettrai tout par écrit*
- *A propos de l'auteure*

La jeunesse, vous avez besoin d'aide, mais celle de Dieu en priorité !

« Maintenant je suis grand ! Je n'ai plus besoin des gens pour me dire ce que je dois faire ou non ! Et en plus, il y a internet, j'irai sur YouTube et je vais apprendre plein de choses qui vont m'aider à réussir ma vie… »

« Je n'ai besoin de personne, personne je dis ! Et encore moins de mes parents, ils ne veulent pas me lâcher, on dirait des pots de colle ! Oh c'est bon quoi ! Et surtout ne me parlez pas de votre Dieu là, on ne le voit jamais en plus. Bref, je n'y crois pas de toutes les façons ! … »

Nombreux vont se retrouver dans ce que je viens de dire, oui parce qu'aujourd'hui la majorité des jeunes s'alignent sur ce discours, on dirait presque que c'est leur hymne national.

C'est certain : « vous avez grandi » et donc vous allez devoir accomplir certaines actions sans avoir toujours besoin de l'aide de vos parents ou de quiconque. Mais sachez aussi que dans de nombreuses situations, vous aurez autant besoin de savoir que de faire des choix. L'aide de personnes expérimentées, que vous avez, non pas la chance, mais la grâce d'avoir à vos côtés, est alors non négligeable. Et donc allez-y doucement « pas à pas » vers la découverte de cet inconnu qui n'est autre que le monde. Ne faites pas du suivisme, tout ce que vous regardez sur internet n'est pas forcément vrai, les réseaux sociaux sont bourrés de mensonges. Faites attention !

Vous êtes en train de grandir et vous commencez à découvrir beaucoup de choses. Il y en a que vous comprenez et d'autres que vous ne comprenez pas. Certains jeunes sont envahis par la peur, l'angoisse, mais d'autres sont au contraire très curieux, on dirait même trop pressés d'apprendre et cela n'est pas bien du tout.

De mon expérience, j'ai appris que dans la vie, nul ne peut avancer sans aide. Quelle que soit la personne que vous êtes, si vous n'avez pas un point d'appui ou tout simplement quelqu'un sur qui compter, vous finirez par vous retrouver à terre. Alors, notez que vous avez besoin d'aide et pas n'importe laquelle pour réussir dans votre vie. Hormis toutes celles que vous pouvez avoir, que ce soit l'aide familiale, sociale, il faut savoir qu'il n'y a qu'une seule aide dont vous avez vraiment besoin, c'est l'aide de Dieu, l'aide de Celui qui vous a créé à son Image comme sa parole l'affirme dans le **livre de Genèse 1-10 : « Puis Dieu dit : faisons l'homme à notre image, selon notre ressemblance… »**, de Celui qui vous connaît parfaitement bien ; **Jérémie au chapitre 1, versets 4 et 5 : « La parole de l'Éternel me fut adressée, en ces mots : avant que je t'eusse formé dans le ventre de ta mère, je te connaissais, et avant que tu fusses sorti de son sein, je t'avais consacré, je t'avais établi prophète des nations… ».**

Jeunes gens, Dieu vous lance un appel et si vous entendez cette voix, n'endurcissez pas vos cœurs **(Hébreux 3, versets 7 à 8)**. Dans le livre des **Proverbes au chapitre 23, verset 26, il dit : « Mon fils, donne-moi ton cœur, et que tes yeux se plaisent dans mes voies ».**

Vous avez besoin de votre Créateur, Lui, qui vous aime d'un amour infini. Personne ne peut vous aimer comme Dieu, personne ne peut se soucier de votre avenir comme Dieu, Il est le seul qui a les meilleurs plans pour votre vie. Il l'a dit dans le livre de **Jérémie au chapitre 29, verset 11 : « Car je connais les projets que j'ai formés** sur vous, dit l'Éternel, projets de paix et non de malheur, afin de vous donner un avenir et de l'espérance ».

Profitez de cette période transitoire, amusez-vous, faites des sorties, vivez pleinement ce moment présent, mais n'oubliez pas de semer la bonne semence que vous serez certainement fier de récolter demain.

La parole de Dieu dit : « Ce qu'un homme aura semé il le moissonnera aussi ».

« Pensez au bien et faites du bien pour vous et autour de vous ! » Kebanie Kenaka Otabo.

Aujourd'hui on trouve sur internet beaucoup de sujets qui traitent des questions d'ordre général :

- Comment gagner beaucoup d'argent ?

- Comment trouver l'amour de sa vie ?

- Comment séduire les hommes ou les femmes ?... Mais vous, qu'en est-il de votre présence sur cette terre ? À quoi avez-vous été appelé ? Ces interrogations sont-elles importantes à vos yeux ?

Je vous invite à observer ces deux chemins :

Tous les deux conduisent au même endroit. L'un est un raccourci, l'autre est plus sinueux. Le plus long est celui sur lequel vous vous trouvez actuellement. Vous avez décidé de marcher seul, de vous fier à vos propres capacités. Comme tout le monde, vous ne connaissez pas ce qui vous attend, les obstacles à venir, vous tâtonnez, vous tombez. Certains y restent et d'autres peinent à se relever. Le temps passe, vous prenez aussi de l'âge ! Si vous continuez seul, les choses vont aller en empirant !

Tandis que le raccourci est celui que Dieu vous présente, car Il connait même votre futur, Il a conçu pour vous des projets individuels et personnalisés, c'est Lui qui vous a créé. Arrêtez de perdre votre temps à chercher ailleurs alors que Celui qui peut vous aider est juste à vos côtés.

Ne gaspillez pas votre énergie à chercher un chemin qui vous a déjà été tracé. Réalisez tout simplement la grâce d'avoir quelqu'un qui a tout donné pour vous garantir l'accès au trésor de Dieu.

Je disais plus haut que vous allez certainement me poser cette fameuse question que la plupart des jeunes me posent tout temps : « COMMENT PROFITER DE SA JEUNESSE QUAND ON EST CHRÉTIEN ? ». Ce n'est juste pas possible quoi… !

« Car on sait bien que quand on accepte JÉSUS CHRIST comme Seigneur et Sauveur, on est un peu comme « coincé », la marge de manœuvre est moindre, pas trop de possibilité de tricher étant donné que vous vous dites : DIEU voit tout, Il sait tout, genre Dieu est plus que le FBI quoi, alors on est mal barrés ! … »

Et bien non ! Accepter JÉSUS CHRIST comme Seigneur et Sauveur ne fait pas de vous des **« FICHIERS S CELESTES »**.

Le but premier de Dieu est d'abord de vous donner un abri sûr, de telle sorte que vous soyez déjà en sécurité. Vous n'êtes pas n'importe qui. En effet, vous avez du prix aux yeux de DIEU qui ne veut que votre bien.

Et ce n'est pas parce qu'Il vous veut déjà dans la bergerie, qu'Il a l'idée de vous emprisonner. **Vous ne serez certainement pas des « fichiers S célestes ».** Au contraire, Il vous aime et vous respecte en vous donnant le libre arbitre, la capacité de prendre vos propres décisions comme vous pouvez le lire dans livre du Deutéronome au chapitre 30, verset 19 : **« J'en prends aujourd'hui à témoin contre vous le ciel et la terre : j'ai mis devant toi la vie et la mort, la bénédiction et la malédiction. Choisis la vie, afin que tu vives, toi et ta postérité »**.

Allez maintenant, c'est à vous de jouer ! Faites votre choix ! Tâchez de choisir la bonne part…

On peut être jeune chrétien et profiter pleinement de sa vie. On peut organiser des soirées autour de la parole de Dieu, autour des activités de peinture, de dessin ou encore d'écriture. Dieu n'est pas contre l'idée d'organiser des soirées, Il ne déteste pas non plus les festivités, mais Il est plutôt contre la façon dont sont organisées les choses.

À qui profitent vos soirées, quand à la fin, il faut toujours qu'il y ait l'intervention de la police ?

À qui profitent vos soirées, quand à la fin, vous êtes « bourrés » et que vous vous décidez quand même de prendre le volant et finissez à la morgue ?

Et la petite cerise sur le gâteau c'est quand la police appelle vos parents pour leur annoncer que leur fils ou leur fille est à la morgue.

Eh bien ! Je veux vous dire qu'aucun parent n'aimerait entendre cela. Aucun !

Voulez-vous que j'avance ? Eh bien allons-y !

À qui profitent vos soirées, quand quelques mois après votre dernière sortie, vos venez annoncer à votre mère que vous êtes enceinte alors que vous n'avez que 14 ans ?

Et de même pour le jeune garçon qui va annoncer à ses parents : « j'ai enceinté une fille ». Regardez, s'il vous plait, les expressions de leurs visages et, sincèrement complétez la suite…

Franchement à qui… ? À qui profitent vos soirées ? Eh bien ! Je pense, même pas à vous-même…

Le regret de ne pas avoir fait ce qu'il fallait faire au moment où il le fallait est comme une maladie incurable qui ne peut être guérie, mais juste être ralentie. Toutefois, une véritable prise de conscience et un désir ardent de rebondir peuvent déclencher un changement et permettre de retrouver le vrai chemin. Si vous prenez l'engagement de vous remettre en question et de renouveler vos pensées, vous pourrez guérir de la maladie diagnostiquée incurable.

Alors comptez-vous vous lever, prendre votre vie en main et vous dire que tout est encore possible ou préférez-vous faire partie de ceux qui vivent dans le regret éternel : « Moi, je voulais bien être… Mais à cause de… Je suis devenu… » ?

La fameuse phrase : « Si je savais ! » ; « Si j'avais su ! »

« Ceux qui ont vieilli n'ont plus ce choix, mais les jeunes que vous êtes peuvent encore décider de changer les choses ».

Sur les traces du Maître

Une mission mal comprise !

L'expression « marcher sur les pas de notre Seigneur et sauveur Jésus Christ » est tellement vaste et très complexe. Chacun l'interprète du mieux qu'il peut et avec l'aide du Saint-Esprit. J'ai remarqué que certains chrétiens « enfants de Dieu » lisent la BIBLE comme un roman. Le roman est un livre pensé et écrit par l'homme. Il relève de la science-fiction, de l'imaginaire. Alors que la Bible qui contient la parole de Dieu est certes écrite par les hommes, mais elle est inspirée par DIEU. La parole de Dieu est Dieu Lui-même. L'intelligence des hommes ne suffit donc pas pour comprendre cette parole qui est en même temps Dieu lui-même, non ce n'est pas possible ! Mais qui peut connaître Dieu sans l'aide du Saint-Esprit ?

Ne prenez pas en otage la parole de Dieu pour lui donner un sens qui vous plaît ! Demandez l'aide du Saint-Esprit : le seul qui peut vous aider à comprendre les écritures.

Ne prenez pas les versets bibliques pour des poésies de la maternelle à impérativement savoir réciter au risque de se faire attribuer un gros « O » par la maîtresse. La parole de Dieu, il ne suffit pas de La lire, mais de La comprendre ET de La mettre en pratique. VOILÀ !

Il n'est pas question ici de m'étaler sur le sujet ou de réitérer tout ce que la Bible nous dit concernant la Mission de Jésus sur terre. Un seul verset m'a permis de comprendre sa mission. Jean 3 v 16 : **« Car Dieu a tant aimé le monde qu'Il a donné Son Fils unique, afin que quiconque croit en Lui ne périsse point, mais qu'il ait la vie éternelle. 17- Dieu, en effet, n'a pas envoyé Son Fils dans le monde pour qu'Il juge le monde, mais pour que le monde soit sauvé par Lui… ».**

En lisant ce verset, on comprend qu'en réalité toute la personne de Dieu se résume en un seul mot « **AMOUR** ».

1. *Il crée l'homme <u>**PAR AMOUR**</u>*
2. *Il lui fait don de son souffle de vie (son Esprit) <u>**PAR AMOUR**</u>*
3. *L'homme le renie, Il envoie des prophètes pour le sauver <u>**PAR AMOUR**</u>*
4. *L'homme continue de le renier, Il décide de se faire homme en son fils unique pour le sauver <u>encore **PAR AMOUR**</u>*

Vous comprenez que DIEU fait tout cela parce qu'Il aime l'homme qu'Il a Lui-même créé et donné de Son Esprit. C'est ainsi que Jésus est venu une fois de plus manifester cet amour que le Père a pour ses enfants.

Alors, jeunes gens comprenez ces choses dès votre jeune âge et facilitez-vous la tâche dans ce monde tellement immense et rempli de dangers. Suivez le modèle par excellence. Laissez Jésus devenir votre Influenceur.

Copiez sur Jésus et manifestez l'amour envers le prochain car tout homme, même le plus petit d'entre nous est créé à l'image de Dieu et compte beaucoup à ses yeux.

JÉSUS n'a pas seulement prêché la parole, Il n'a pas seulement lu les Écritures, Il n'a pas seulement prié, mais Il a aussi et surtout mis en pratique ce qu'Il prêchait.

Alors, quand vous aurez compris ce que veut dire marcher sur les pas du Maître, vous aurez alors besoin de quelqu'un qui puisse vous aider à trouver votre chemin. Jésus Lui-même disait : « Je vous enverrai le Saint-Esprit, le Consolateur pour vous guider… ».

Le panneau d'orientation

Qui peut quitter un point A pour aller vers un point B sans avoir besoin de suivre un itinéraire ? Qui peut parcourir de longues distances sans avoir un plan de route ? Qui peut se déplacer vers un endroit inconnu sans avoir besoin de son GPS ? Qui peut s'approcher du rond-point et connaître sa sortie sans avoir lu en amont le panneau d'orientation ? Souvenez-vous de la parole de Dieu qui déclare que nous sommes dans ce monde, mais nous ne sommes pas du monde. Par conséquent, nous ne connaissons pas le monde. Alors comment espérez-vous réussir dans un monde que vous ne connaissez pas ? Prenez conscience, vous avez besoin d'avoir un panneau d'orientation qui vous indiquera la bonne direction à suivre.

Ceux qui vont faire du tourisme ont besoin d'un guide pour visiter la ville. Les commerçants, quand ils vont dans d'autres villes afin d'acheter leurs marchandises, cherchent en premier une personne pour leur montrer les endroits sûrs pour effectuer leurs achats en toute confiance et à bon prix.

Ces touristes et ces commerçants, croyez-vous qu'ils ne soient pas tentés à l'idée d'aller découvrir les choses par eux-mêmes ? Bien sûr que si ! Mais en trouvant un guide, ils peuvent gagner du temps parce qu'ils ne sont là que pour un certain temps et veulent être orientés pour être sûrs d'aller au bon endroit. Donc ils décident de faire confiance à ceux qui connaissent le mieux les lieux qui les intéressent.

Alors vous, dans ce monde si grand et que vous ne connaissez pas, n'avez-vous pas besoin d'un Guide ? De Celui qui connaît avec précision tous les recoins du monde qu'Il a Lui-même créé ? Le livre **des Actes au chapitre 17, verset 24 dit : « Le Dieu qui a fait le monde et tout ce qui s'y trouve… »**

Eh bien ! Si vous ne voulez pas perdre votre temps à essayer de faire par vous-même, prenez tout simplement l'engagement de vous fier à Dieu, car la parole de Dieu déclare qu'Il est le Chemin, la Vérité et la Vie, Il connaît votre destination finale et Il sera donc votre meilleur Guide.

Prenez conscience, laissez Dieu vous placer sur votre axe principal, savourez la bénédiction du droit d'entrée légale offert par Jésus et en retour faites le bien !

« L'homme heureux est celui qui a compris que le bonheur mieux vécu est un bonheur partagé » Kebanie KENAKA OTABO.

Conclusion

Notre si belle aventure se termine là, un peu tôt, peut-être. Et si l'on se disait les choses de la manière la plus simple possible ! Mon désir le plus profond est de rendre ces informations accessibles à tous.

Souvenez-vous de ce que je vous ai dit plus haut : « Je ne suis pas là pour former des intellos, mais pour transmettre un message, qui, j'espère, éveillera votre conscience ».

D'une véritable prise de conscience est né ce désir ardent de changer les choses en moi et autour de moi. Je disais tantôt que le changement n'est possible que si l'on prend conscience de la nécessité à changer les choses.

J'ai pris conscience de mon état et surtout du potentiel que Dieu a enfoui en moi et j'ai ensuite commencé à me poser de vraies questions : - Qui suis-je réellement ? - D'où viens-je ? - Quel est le but de ma présence sur terre ? Alors, j'ai dû me taire pour écouter, observer, analyser, comprendre et enfin agir. Voici les six règles qui m'ont vraiment aidée à reprendre le contrôle de ma vie et me positionner sur le chemin de ma destinée : **Se taire – Écouter – Observer – Analyser – Comprendre – Agir**.

Vous avez donc compris que notre vie sur terre est caractérisée par des mouvements réguliers : nous quittons constamment un point pour aller vers un autre, mais dans un sens croissant. Le contraire n'a jamais été possible. Si cette année, vous avez fêté vos 20 ans de vie sur terre, l'année prochaine vous ne fêterez pas vos 19 ans, car vous aurez plutôt 1 an de plus. Ce qui signifie que vous aurez 21 ans.

Eh oui ! Tout change.

Votre enfance est désormais derrière vous et vous abordez progressivement l'âge adulte. C'est pendant cette période que vous devez commencer à vous poser de bonnes questions, à prendre de bonnes résolutions avant d'entrer dans ce grand monde qui nécessite d'avoir des connaissances solides afin de bâtir de vraies stratégies, de construire une bonne fondation qui vous permettra de lutter contre le vent violent de la vie.

Je sais que tout cela vous fait peur, je suis passée par là moi aussi. Nombreux préfèrent rester dans le déni. Oh ! Que c'est beau de vous entendre parler, mes chers jeunes !

Écoutez ces brillantes réponses que certains d'entre vous adressent à leurs parents :

« As-tu remarqué que tu as grandi tellement vite ? Oui… mais… relaxe ! Je n'ai que 12 ans, j'ai encore du chemin à faire m'man ». « Sais-tu que tu seras vieux un jour ? Qui ? Moi devenir vieux ? Bah non ! Non, jamais de la vie ! Je resterai jeune ». « Es-tu fatigué ? Moi fatigué ? Tu rigoles, il me faut encore 50 bonnes années avant de perdre mes forces ». « Crois-tu que je perds du temps ? Non, je suis encore très jeune ». « Crois-tu qu'il est temps de connaître Dieu ? Non, je le ferai quand je serai vieux, je serai à la retraite, tranquille ! Et j'aurai tout le temps d'aller à l'Église ». « As-tu remarqué que tout change ? Je n'ai rien vu et je ne veux rien voir d'ailleurs ! Le changement me fait peur. Briller dans la vie ? Non c'est pour les autres. Être à la tête d'une société ? Non, je n'en suis pas capable. Devenir riche ? Pas question, je n'entrerai pas au ciel, c'est

un péché, je dois rester pauvre ! Ah bon ! Où l'as-tu entendu ? Bah ! À ton Église, c'est ton pasteur qui l'a dit »
…

À côté de ceux qui nient la réalité, on trouve d'autres qui veulent emboîter le pas, mais ne savent pas comment s'y prendre ou ont tout simplement peur. Alors j'aimerais vous dire que vous avez à votre disposition un Panneau d'Orientation : votre GPS qui vous indiquera la bonne voie à suivre et ce Panneau d'Orientation c'est le SAINT-ESPRIT. Réalisez la grâce que vous avez d'être autant aimé. Et sincèrement, sachez en profiter.

Sur ce, je vous souhaite un très bon voyage. D'ici là, tenez-moi au courant des événements heureux qui se seront produits dans votre vie à cette adresse :

codedunevieepanouie@gmail.com

À la prochaine ! …

Questionnaire

Qui suis-je ?

....
....
....
....
....
....
....
....
....
....
....

D'où viens-je ?

....
....
....
....
....
....
....

Quel est le but de ma vie sur terre ?

....
....
....
....
....
....
....
....
....
....
....
....
....
....
....

Avez-vous trouvé des réponses à ces questions ?
Bravo !
Vous êtes sur le point de déclencher un changement dans votre vie !

Résumé !

*Nom : …….

*Prénom : …….

*Tél/E-mail : ……

Dites-nous ce que vous avez retenu. Remplissez cette feuille et envoyez-nous à l'adresse suivante : codedunevieepanouie@gmail.com

Nous serons heureux de vous lire et de répondre à vos questions.

……………………………………………………………
……………………………………………………………
……………………………………………………………
……………………………………………………………
……………………………………………………………

Conseils

Comprendre votre mission sur terre :

- *Pourquoi Dieu vous a-t-Il créé ?*
- *Pourquoi a-t-Il préféré vous créer humain à la place d'une plante par exemple ?*
- *Pourquoi vous avoir doté d'autant de capacités ?*

C'est déjà un pas vers le changement.

Ce premier point nécessite un retour vers Celui qui vous a créé, qui vous connaît mieux que quiconque et d'ailleurs mieux que vous-même. En effet aucun pasteur, aucun prophète n'a la réponse exacte à vous donner si ce n'est Dieu Lui-même. L'avis des pasteurs reste consultatif. Dieu est Le Seul qui a la maîtrise parfaite de l'homme. Il a pour chacun de ses enfants un projet conçu d'une manière individuelle et personnalisée.

Galates 6 :7 : « Ne vous y trompez pas : on ne se moque pas de Dieu. Ce qu'un homme aura semé, il le moissonnera aussi ».

Oui, ne vous lassez pas de faire du bien autour de vous, semez l'amour, la paix, car assurément, vous le récolterez au moment convenu. Aimez, aidez les autres en toute sincérité. Visez plus haut ; la récompense de Dieu est meilleure que celle des hommes.

Éphésiens 6, verset 2 :

> 1. Enfants, obéissez à vos parents, selon le Seigneur, car cela est juste.
> 2. Honore ton père et ta mère c'est le premier commandement avec une promesse.
> 3. Afin que tu sois heureux et que tu vives longtemps sur la terre…

On peut vivre longtemps sur terre et malheureux. Voulez-vous vivre longtemps et heureux ? En voici la condition.

Dieu a forcément des raisons valables de vous avoir équipé d'autant de capacités. Pendant que vous baignez dans cette grâce, libre, jeune, belle ou beau comme disent certains, profitez de ce temps pour poser de bonnes bases. Commencez déjà à penser à votre avenir. Même la construction de grands châteaux a débuté par une pensée.

Les décorations sur le sapin de Noël, c'est pour « faire joli », mais les nombreux talents que Dieu a enfouis en vous ce n'est certainement pas pour faire joli, mais plutôt pour un but. Alors, arrêtez de considérer toutes ses grâces comme étant des guirlandes ou des jeux de lumière ou encore des boules décoratives destinées à vous émerveiller.

Utilisez le pouvoir et les capacités enfouis en vous pour changer les choses en vous et autour de vous.

Vivez le présent sans ignorer le futur

Remerciements

Pour Lui

Tout d'abord, je tiens à remercier Celui Qui Est Tout. Source de tout, y compris de mon inspiration. Nombreux l'appellent Dieu, mais moi, je L'appelle mon Père, ma Source Intarissable. En Lui, je puise tout ce que j'ai ; la santé, la joie, le bonheur, la paix, la confiance en moi, la résilience et même tout ce que j'ai à dire aujourd'hui et ce que j'aurai à dire dans les prochains jours. Car Lui Seul a les paroles de la vie.

Deuxièmement, merci aux deux merveilleuses personnes qui ont reçu l'ordre de m'accueillir sur terre « Mes parents ».

KENAKA Daniel et IBARA Alphonsine, d'où ont jailli la réserve de vie que Dieu m'a donnée et tant de souvenirs si importants.

Vous m'avez offert non seulement un toit, mais aussi votre amour. Je l'ai vu, je l'ai lu et j'ai su en tirer profit. Amour inconditionnel !

À vos côtés, j'ai appris à manger, à parler, à marcher, à tomber, à me relever. J'ai appris aussi à aiguiser mes armes pour affronter les dures réalités de la vie. Merci à vous deux.

À Mon très cher époux Christian OTABO ; mes deux fils, Chris et Parfait, et ma petite princesse Christalia.

Vous m'avez donné bien plus que je ne vous ai jamais donné. Quel bonheur de vous avoir !

Je continuerai à m'investir pleinement dans mon rôle d'épouse et de mère à vos côtés, peu importe la somme de travail nécessaire pour y arriver.

Cœur d'une femme, cœur d'une mère.

Merci également à mon papa-papy « deux en un » Dominique OPINA.

À ma grand-mère NGALA Henriette.

À celles qui ont bercé mon enfance, mes deux mamans ; maman ANDZIE « Onè » et maman OKEMBA Véronique.

Merci à ma famille. Mes nombreux frères, mes si nombreuses sœurs.

« La famille aux couleurs d'arc-en-ciel »

Je ne prendrai pas le risque de vous citer, de peur d'être noyée dans le gouffre du jugement. Car chacun de vous à la mesure du possible, a su contribuer au devenir de celle que je suis maintenant. Néanmoins, permettez-moi de citer ici, une personne, qui a accepté d'assurer la relève de mes parents et m'a dignement accompagnée vers le chemin de ma destinée : Henri-Jacques KIENAKA, mon père adoptif.

Merci aux familles : KENAKA – IBARA – ONDEA – ONANGA Cécile – OBOUNGA - OKIELI – ANDAHA – OPINA.

Merci aux amis(es) et connaissances. Leur apport a été énorme et l'est encore. Je tiens ici, à remercier particulièrement deux couples : le couple POBEL et le couple BRUNEL.

Premièrement, Pierre et Élisabeth POBEL. Quelle grâce de vous avoir ! Élisabeth, je te l'ai dit par message et je reviens l'inscrire dans ce livre : « Tu es une amie que tout le monde rêve d'avoir. Une femme au grand cœur. Merci pour tous les changements que tu as apportés dans ma vie. Que mon Dieu te bénisse. »

Deuxièmement, Pierre et Joëlle BRUNEL sont tous deux occidentaux, mais ils ont des petits fils africains. Comment est-ce possible ?

Dans tous les cas, je vous déconseille fortement d'essayer de résoudre cette équation ! Cela ne peut être qu'un miracle de DIEU.

Merci Joëlle pour ton temps consacré à la réalisation de ce projet, et certainement, à très bientôt pour de nouvelles aventures.

D'une simple amitié, naissent des familles !

Merci à ma belle-famille. À mémé Élise BOTEBA que j'ai la grâce de connaître.

Merci aux familles OTABO et DIKOBAT …

Merci, vous tous. Vous avez enrichi ma vie !

Je mettrai tout par écrit

L'Homme naît, il grandit, il vieillit et il meurt. La vie est un long voyage. Peu importe le moyen que vous empruntez pour vous déplacer, vous avez besoin de vous arrêter. Qu'importe votre force, vos motivations, vous avez besoin de marquer une pause. Ce laps de temps, pourtant court, mais nécessaire pour reprendre des forces ou s'équiper pour continuer ce long voyage de la vie. Raison pour laquelle, vous devez vous taire pour apprendre. OUI ! C'est en étant silencieux que l'on parvient à mieux écouter.

Au-delà des mots, au-delà de cet engagement farouche que j'ai aujourd'hui d'écrire, se cache une envie d'aider, de transmettre un message, qui je le pense de tout cœur, éveillera une conscience.

La jeunesse à qui je m'adresse en particulier a besoin d'être enseignée et accompagnée. Dans ce livre, j'exhorte les jeunes à prendre conscience que nul n'est éternel sur cette terre. Malheureusement, ceux qui sont morts ne l'ont pas choisi encore moins désiré. Donc si nous avons la grâce de vivre, vivons pleinement et dignement.

Alors, ne partez pas. Je vous invite dans le silence le plus absolu à parcourir ces quelques lignes et à en sortir l'essentiel. On a toujours quelque chose à apprendre des autres !

Merci et à bientôt pour de nouvelles aventures.

À PROPOS DE L'AUTEURE

Parlons de moi…

D'aussi loin que je me souvienne, j'ai toujours voulu écrire. Mon sens poussé de l'observation, m'a permis d'amonceler avec le temps, tout ce dont j'avais besoin de savoir et de dire. Heureusement pour moi, la vie m'a livré un beau spectacle et j'en ai vu de toutes les couleurs : l'amour, mais beaucoup de haine. La joie, mais beaucoup de tristesses. Les rires, mais beaucoup de pleurs. Les naissances, mais beaucoup de morts. Les riches et là encore, beaucoup de pauvres. Bref, des vérités, mais surtout beaucoup de mensonges.

Malgré tout cela, j'ai quand même su me construire, sans me laisser démanteler ni écraser par les dures réalités de la vie.

J'ai compris que les belles expériences étaient là pour m'aider à renouveler mes forces et m'emmener à une certaine résilience. Tandis que les mauvaises expériences m'ont, quant à elles, servi de formation.

Finalement, tout existe pour un but ! Eh oui ! même le mal, pour le bien.

Du haut de mes 8 ans, j'ai eu un profond désir d'observer le monde et tout ce qui le compose, me laissant emporter par le courant de la vie. Non pas pour me perdre, mais pour comprendre la vie dans sa subtilité. Ce voyage sans limites m'a permis de découvrir des codes ou tout simplement des principes à intégrer dans le quotidien, afin de vivre selon la volonté du PERE. L'auteur de toute vie.

Raison pour laquelle, consciente de ce potentiel, l'envie d'écrire est alors devenue une nécessité. Je me sens équipée pour accomplir la volonté de Celui qui a déposé tout ce savoir en moi.

Je veux donc tout mettre par écrit, et partager avec vous ces belles expériences.

Alors, merci d'être venu découvrir mon monde. Merci d'avoir accepté de prendre connaissance de mes écrits. Et surtout, merci de m'aider à envoyer ce message jusqu'au bout du monde.